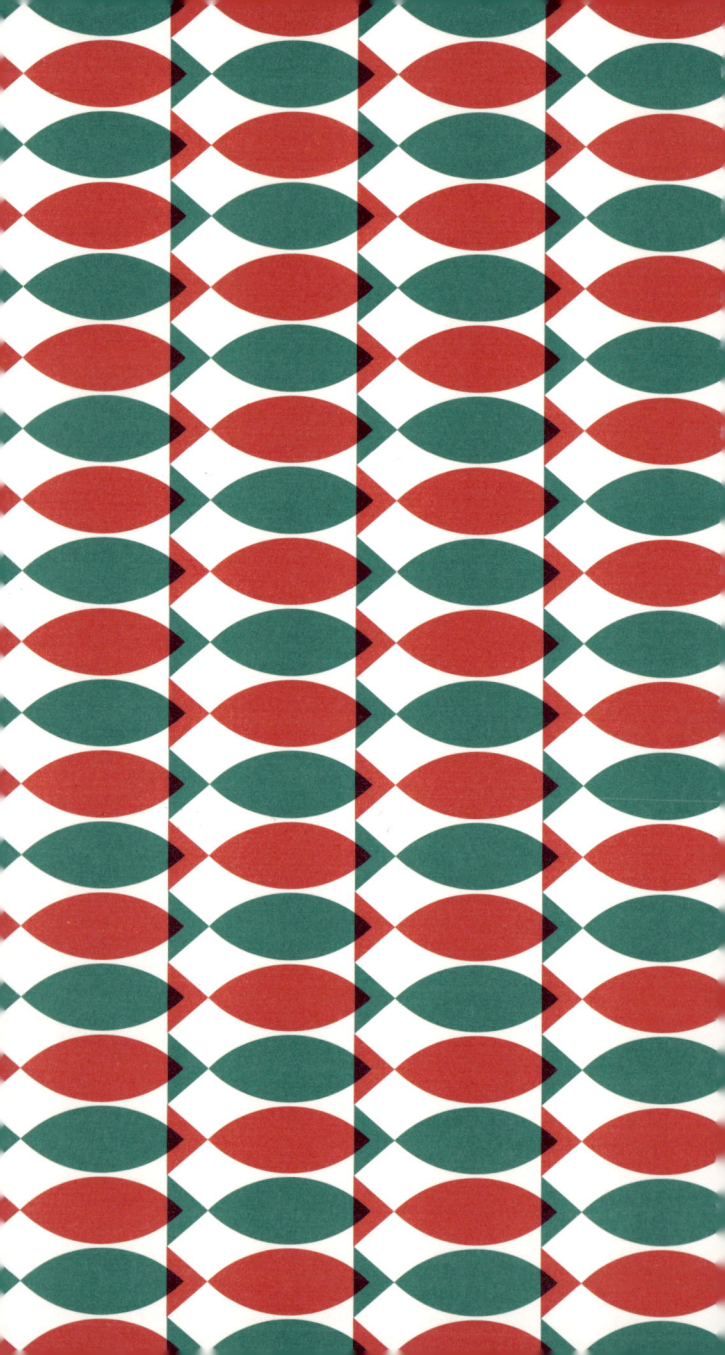

Die

BIBEL

ist

eine

FORELLE

Elisabeth Birnbaum
Illustrationen von David Kassl

11 Gänge
zum gesunden
Bibelverständnis

Wiener Verlag
DOM

Vorwort

Herzlich willkommen zu einer erlesenen
11-gängigen Bibelverkostung! Ein bekannter
Koch soll einmal gesagt haben: „Ein gutes
Essen erkennt man daran, dass es einem
danach besser geht als davor." Genau das
möchte das vorliegende Buch erreichen.
Nur, dass es sich hier um ein „Essen" im
übertragenen Sinne handelt. Genossen wird
neben dem 11-gängigen Menü, das Sie gerne
nachkochen können, das Buch der Bücher: die
Bibel. Denn die Bibel kann und will Nahrung
sein. Wenn man sie richtig genießt.

Die Bibel als Speise zu genießen, hat ja bereits
in der Bibel selbst Tradition. Schon der
Prophet Ezechiel wurde von Gott zu Beginn
seines Wirkens aufgefordert, die Schriftrolle

zu essen, die Gott ihm gab. In Ezechiel 3, Vers 3, heißt es: „Menschensohn, gib deinem Bauch zu essen, fülle dein Inneres mit dieser Rolle, die ich dir gebe!" Ezechiel aß sie und sie wurde in seinem Mund „süß wie Honig". Erst danach wurde der Prophet zu seinem Volk gesendet. Offenbar ist es also wichtig, die Bibel zunächst selbst richtig zu genießen, bevor man in die Welt hinausgeht und die Botschaft Gottes verkündet.

Um Ihnen diesen Genuss zu erleichtern, ist dieses Büchlein geschrieben worden. Und wenn es Ihnen nach dem Genuss dieser Gedanken beim Bibellesen besser geht als davor, dann hat es sein Ziel erreicht.

Juli 2022

Speise-karte

Gang 1: Aperitif
Aperol Spritz

Texte, die im Gesamten ein hochwertiges Buch ergeben, das in ein geglücktes Leben einstimmen will und von einem liebevollen Geber geschenkt wurde.

Gang 2: Gedeck
Gebäckkörbchen

Texte, die unterschiedlich angenehm zu lesen sind und sich nicht vereinheitlichen lassen.

Gang 3: Vorspeise
Gemischter Vorspeisenteller

Texte, die widersprüchlich und disparat erscheinen und doch eine kunstvoll verflochtene Komposition ergeben.

Gang 4: Suppe
Kürbiscremesuppe

Texte, die von verschiedenen Händen lange Zeit bearbeitet und unter dem Namen von bekannten Personen veröffentlicht wurden, sodass man ihre Entstehungsgeschichte und Verfasserschaft nicht immer mit Sicherheit rekonstruieren kann.

Gang 5: Zwischengericht
Gebratene Forelle

Unterschiedliche literarische Textsorten, die oft Ähnlichkeiten mit altorientalischer oder hellenistischer Literatur haben; theologisch gedeutete Geschichte; zu einem einzigen Geschehnis verdichtete wiederholte Erfahrungen.

Gang 6: Hauptgericht
Schweinsbraten

Texte, die aus längst vergangener Zeit stammen und oft eine dementsprechend andere Welt- und Menschensicht vertreten als heute üblich.

Gang 7: Sättigungsbeilage
Semmelknödel

Texte, die erst im Kontext der Gesamtbotschaft der Bibel, der Liebe Gottes zu den Menschen, eine runde Sache ergeben.

Gang 8: Gemüsebeilage
Glacierte Maroni
Texte, zu deren eigentlichem Sinngehalt man
sich erst durcharbeiten muss.

Gang 9: Dessert
Rosinenkuchen
Texte, die man sich unbedingt merken möchte
und Texte, die man lieber ignorieren würde.

Gang 10: Kaffee
Wiener Melange
Texte, die in ein Altes und in ein Neues Testament
eingeteilt werden, wobei das Neue Testament das Alte
voraussetzt.

Gang 11: Digestif
Kräuterschnaps
Texte, deren heilsame Grundbotschaft durch
Aktualisierungen und unsere eigenen Vor-Urteile
entweder angereichert oder vergiftet werden.

Das Restaurant betreten

Wenn ich ein 11-gängiges Menü genießen möchte, begebe ich mich dafür nicht in die Garage oder in eine Bar, sondern in ein etwas gehobenes Restaurant. Schon der Raum versetzt mich in eine besondere Stimmung. Die schön gedeckten Tische, die elegant gekleideten Menschen, die zuvorkommenden Ober und die gedämpfte Musik sorgen für ein angenehmes und verheißungsvolles Ambiente. Instinktiv spreche ich leiser, halte mich gerade und bereite mich innerlich auf einen schönen Abend vor.

Trotz des eleganten Ambiente muss ich mich aber nicht verkleiden, etwa ein teures Cocktailkleid oder einen Smoking anziehen, kostbaren Schmuck anlegen oder drei Stunden

beim Friseur verbringen. Es genügt völlig,
wenn ich mich ein bisschen sorgsamer anziehe
als sonst und mir die Schuhe putze.

Ich werde mich anständig benehmen, muss
aber nicht so tun, als wäre ich ein Filmstar
oder ein Milliardär.

Den Tisch, der mir zugewiesen wird, habe
ich im Voraus reserviert. Und meist gehe ich in
Begleitung zu einem solchen Festmahl. Denn
gute Gespräche gehören zum Genuss einfach
dazu.

Wenn es mir geschmeckt hat, richte ich
der Küche mein Lob aus. Und nach dem Essen
vergesse ich nicht, etwas zurückzugeben. Ich
begleiche die Rechnung und gebe Trinkgeld.
Damit drücke ich meine Wertschätzung für
das Empfangene aus.

Auch der
Bibelgenuss sollte
in einer etwas gehobenen
Umgebung vor sich gehen, die mich in eine
besondere Stimmung versetzt. Die achtsame
Ausgestaltung, die einladenden Details und
das weitgehende Ausblenden von Hinter-
grundgeräuschen sorgen für ein spirituelles
Ambiente. Ein Raum, in dem ich instinktiv
zur Ruhe und in eine offene, empfangende
Haltung gegenüber dem, was mich nun
erwartet, komme.

Trotz dieses besonderen Rahmens muss ich
mich nicht verstellen und mich mit einer
nicht authentischen „Spezialspiritualität"
schmücken. Es genügt völlig, wenn ich mich
so, wie ich bin, auf diesen besonderen Moment
einlasse. Ich werde offen sein für die biblische
Botschaft, muss aber nicht so tun, als wäre ich

Paulus oder die Jungfrau Maria persönlich.

Den Ort, wo ich Bibel lese, habe ich mir im Vorhinein ausgewählt. Und idealerweise bin ich in guter Gesellschaft beim Bibellesen. Sei es, weil ich mit anderen lese, sei es, weil ich Auslegungen und Kommentare anderer als Gesprächspartner hinzuziehe, sei es, weil ich versuche, im Gebet mit Gott ins Gespräch zu kommen. In welcher Form auch immer: Der Austausch, das Miteinander, gehört zum Bibellesen einfach dazu.

Wenn mich die Bibellektüre genährt hat, sage ich Gott Dank. Und nach der Lektüre vergesse ich nicht, etwas zurückzugeben. Ich versuche, meinen Teil dazu beizutragen, dass das Gelesene auch für andere fruchtbar wird. Damit drücke ich meine Wertschätzung für das Empfangene aus.

Gang 1: Aperitif

Aperol Spritz

Wie jedes richtige Festmahl beginnt auch dieses mit einem Aperitif, einem Appetitanreger. Ein guter Aperitif ist für Auge, Nase und Gaumen ein Genuss. Deshalb servieren wir einen köstlichen farbenfrohen Aperol Spritz.

Einen Aperitif gibt es nicht bei jedem Essen, sondern nur bei einem größeren Festmahl. Er ist kein Dosenbier und nicht in einer Plastikflasche. Am Würstelstand oder in der Kantine gibt es ihn auch nicht. Er ist etwas Besonderes, etwas nicht Alltägliches. Deshalb lümmle ich auch nicht in der Jogginghose herum, sondern ziehe mir ein schöneres Gewand als üblich an und sitze an einem liebevoll gedeckten Tisch.

Ein Aperitif ist auch das Zeichen dafür, dass der Gastgeber mich nicht vergessen hat und mich nähren will. Er kann mir dadurch Sorgen und Ängste nehmen, nicht gesättigt zu werden, und mich in Vorfreude auf das bevorstehende Festmahl versetzen. Gleichzeitig weiß ich, dass der Aperitif noch nicht das Essen selbst ist. Er verweist auf ein längeres Festmahl und bereitet mich darauf vor. Ich stelle mich darauf ein, dass es noch einige Zeit dauern wird, bis ich mit dem ganzen Essen fertig und satt bin.

Ein Aperitif ist oft kreativ und ungewöhnlich, farbenfroh und fantasievoll dekoriert. Er stimmt mich auf ein möglicherweise ebenso ungewöhnliches und ausgefallenes Essen ein. Ich benötige daher die grundsätzliche Bereitschaft, mich auf etwas Neues einzulassen und das Vertrauen, dass sich der Gastgeber dabei etwas gedacht hat und mich ein schmackhaftes Gesamterlebnis erwartet.

Einen Aperitif trinke ich langsam und bewusst und schütte ihn nicht einfach hinunter. Er bringt mich in eine Haltung der Achtsamkeit und Entspannung und erinnert mich daran, dass ich mir auch für das folgende Essen genügend Zeit und Muße nehmen muss. Es wäre ja doch schade, ein festliches Menü achtlos hinunterzuschlingen. Ich richte meine Aufmerksamkeit also bewusst nur auf das, was nun kommt, und lege sogar mein Handy weg.

Die Bibel ist auch so ein Aperitif: Auch die Bibel ist ein besonderes, nicht alltägliches Buch. Sie ist kein Comic, kein Werbetext und keine Nachrichtenschlagzeile. Auch die Bibel möchte in einer wertschätzenden Haltung genossen werden. Ich werde also nicht geistig oder gedanklich herumlümmeln, sondern sie mit Achtung zur Hand nehmen.

Die Bibel verweist darauf, dass ich nicht vergessen bin und dass es jemanden gibt, der mich nähren will. Und: Wie mein Aperol ist auch die Bibel kein Selbstzweck. Sie will mich auf ein Festmahl einstimmen, auf das Festmahl Leben. Sie möchte Vorfreude wecken auf das, was dieses Leben für mich bereithält. Gleichzeitig macht sie mir bewusst, dass es ein wenig Geduld braucht, bis sie mich vollends nähren kann.

Die Bibel ist an vielen Stellen ungewöhnlich und ausgefallen und sprengt meine gewohnte Sichtweise. Daher brauche ich die grundsätzliche Bereitschaft, ihre vielleicht neue Botschaft als etwas Besonderes und Wertvolles anzunehmen und zu genießen. Und ich brauche das Vertrauen, dass sie mir für mein Leben guttun wird, weil sich jemand dabei etwas gedacht hat.

Auch die Bibel will in Ruhe gelesen und nicht im Schnelldurchgang „verschlungen" werden. Es braucht Zeit, Muße und Achtsamkeit, damit sie wirklich nähren kann. Sie erinnert mich daran, dass ich alles andere beiseitelege und ihr und meinem Leben die verdiente Zeit und Aufmerksamkeit widme.

Rezept:

Aperol Spritz

Zutaten pro Person
- 40 ml Aperol
- 70 ml Prosecco
- 1 Schuss Mineralwasser oder Soda
- Eiswürfel
- 1 Orange (ungespritzt)

Zubereitung

Alle Zutaten vermengen, mit einer
Orangenspalte dekorieren und genießen!

Gang 2: Gedeck

Gebäck-
körbchen

Bei einem festlichen Mahl darf das Gebäckkörbchen nicht fehlen. Es wird vor oder
spätestens zur Vorspeise serviert und enthält
meist unterschiedliche kleine Gebäcksorten.
Aus weißem Mehl und leicht süßlich sind etwa
Semmeln, ebenfalls aus weißem Mehl, aber
mit Salz bestreut sind Salzstangerl, daneben
finden sich oft aus dunklem Mehl erzeugte
Gebäcksorten, die mit unterschiedlichen
Körnern garniert sind und würziger oder sogar
leicht bitter schmecken, etwa Leinsamen- oder
Kürbiskernweckerl oder Wachauer Laibchen.

Beim Genuss des Gebäcks sind zwei Aspekte
zu beachten: Zunächst einmal sind die
Gebäcksorten in all ihrer optischen und
geschmacklichen Verschiedenheit ähnlich

nahrhaft. Sie sättigen schnell. Im Wissen, dass das Gebäck erst der Beginn des Menüs ist, wäre es ein Fehler, alle Gebäckstücke auf einmal zu essen. Dazu sind sie nicht gedacht. Ich muss mich also zurückhalten und sorgfältig überlegen, wie viele ich davon essen kann, damit ich mir nicht den Appetit für später verderbe. Dazu brauche ich eine Grundhaltung der Mäßigung und Geduld.

Der zweite wichtige Aspekt an einem Gebäckkörbchen ist, dass es sich zwar um Speisen aus Mehl, aber nicht um Mehlspeisen handelt. Anders gesagt: Ich darf das Gebäck nicht mit einem Kuchen, einer Torte, einem Punschkrapfen oder einer Schaumrolle verwechseln. Anders als beim Dessert wäre es daher ein Unding, den Zuckerstreuer zu nehmen und alles einzuzuckern oder mit einem Klacks Schlagobers zu versehen.

Die Bibel ist auch so ein Gebäckkörbchen:
Sie besteht aus sehr unterschiedlichen Texten,
die jedoch alle nahrhaft sind und nicht ohne
Weiteres in größeren Mengen vertilgt werden
können. Daher ist auch bei der Bibellektüre zu
Beginn ein wenig Mäßigung gefragt.

Es führt zu nichts, wenn ich in meinem
Enthusiasmus meinen spirituellen Hunger
sofort und ungeduldig stillen will und zu
große Teile der Bibel auf einmal verschlinge.
Die Folge davon ist nur, dass ich mich schnell
übersättige und mir den Appetit auf die
weitere Bibellektüre verderbe. Dann liegt
mir die Bibel im Magen und verursacht mir
Beschwerden.

Wenn ich aber zu Beginn maßhalten kann und
die Bibel mit Bedacht und in kleinen Portionen
lese, kann sie den größten Hunger stillen und
dennoch Lust auf weitere Portionen machen.
Alle Texte zugleich zu lesen, wird mir nicht
möglich sein. Für wie viele Texte des liebevoll
zusammengestellten Gesamttext-„Körbchens"

ich mich daher entscheide, sollte ich sorgfältig überlegen. Gerade hier gilt die Devise:
Weniger ist mehr.

Und auch die Bibel darf ich nicht mit einer
Torte oder einem Punschkrapferl verwechseln.
Sie hat nichts Süßliches oder Niedliches an
sich. Im Gegenteil: Jesus liebt die Menschen,
ist aber keineswegs immer nur „lieb". Und
der biblische Gott ist zwar barmherzig, gut
und gerecht, aber sicher kein „Kuschelgott".
Die biblischen Erzählungen sprechen von
Gotteserfahrungen, die Menschen gemacht
haben, in aller Vielfalt. Wie in einem Gebäckkörbchen gibt es in der Bibel mildere und
würzigere, ja sogar leicht bittere Bestand-
teile. Neben schönen und erbaulichen Texten
finden sich schockierende, provozierende
oder irritierende Texte, die man in kleineren
Mengen leichter verdauen kann.

Es wäre daher ein Unding, über Bibeltexte eine verniedlichende Zuckerschicht
anzubringen, um sie genießbarer zu machen
oder die bitteren Teile mit einer Schicht Süß-
lichkeit zu verdecken.

Damit würde Bibel banal. In diesem Sinne:
Guten, maßvollen Appetit!

Rezept:

Gebäckkörbchen

Zutaten für 4 Personen

8 Stk. gemischtes Jour-Gebäck, z. B.:

- 2 Jour-Semmeln
- 2 Jour-Salzstangerl
- 2 Jour-Leinsamenbrötchen
- 2 Jour-Kornspitz

Zubereitung
Nebeneinander in ein Körbchen legen,
hübsch anrichten und servieren.

Gang 3: Vorspeise

Gemischter Vorspeisen- teller

Als Vorspeise werden dreierlei bunte Spieß- chen serviert. Eines mit Kirschtomaten und Mozzarella, eines mit Prosciutto und Zucker- melone und eines mit Käse und Weintrauben. Erst durch die optischen und geschmacklichen Unterschiede wird daraus ein gemischter Vorspeisenteller.

Die einzelnen Vorspeisen liegen jedoch trotz ihrer Unterschiedlichkeit nicht zufällig nebeneinander, sondern sind bewusst so angeordnet. Ein genauerer Blick zeigt das sehr schnell: Zum einen sind die unterschiedlichen Elemente so angeordnet, dass sie ein buntes und appetitliches Gesamtbild ergeben. Die Auswahlkriterien dabei sind Gegensätzlich- keit bei gleichzeitiger Ähnlichkeit:

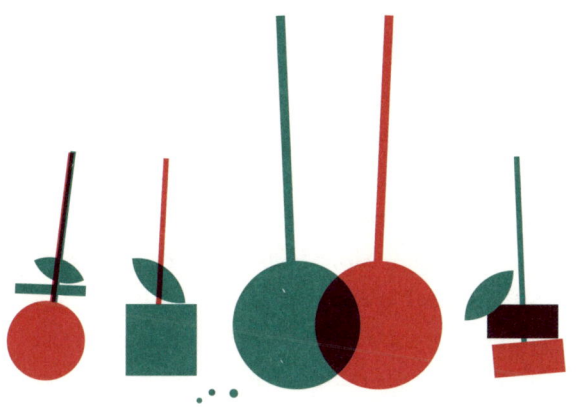

Optisch und geschmacklich gegensätzlich sind zum Beispiel der würzige Käse und die süße Weintraube oder der milde Mozzarella und der kräftige Prosciutto. Diese Elemente werden räumlich nebeneinandergelegt und bilden einen reizvollen Kontrast.

Optisch und geschmacklich ähnlich dagegen sind die beiden Käsesorten (Mozzarella und Hartkäse) oder die beiden Obstsorten (Melone und Weintraube). Diese Elemente liegen dafür nicht direkt nebeneinander und sorgen für eine Motivverkettung.

Zum anderen gibt es Motive, die sich wiederholen und den ganzen Vorspeisenteller durchziehen: So sind alle Zutaten auf Spießchen angeordnet und auch das Basilikum findet sich auf jeder der Vorspeisen.

Das Spannende ist nun: Diese gleich-
bleibenden Elemente wirken je nach
Kombination immer ein wenig unterschiedlich. Das Basilikum schmeckt anders zur
Melone als zum Mozzarella, zum Prosciutto
anders als zur Weintraube.

Der Vorspeisenteller bietet auf diese Weise
eine Vielfalt, die dennoch ein kulinarisches
Gesamterlebnis ergibt.

**Die Bibel ist auch so ein Vorspeisen·
teller:** Auch dort stehen verschiedenartige
Texte nebeneinander, die manchmal sogar
widersprüchlich wirken. Unterschiedliche
Gattungen, Sprachstile und auch unterschiedliche Inhalte. So werden wichtige Fragen auf
teilweise sehr divergente Weise beantwortet,
zum Beispiel die Frage, wieso es Leid gibt
oder wie sehr man sich von Andersgläubigen
abgrenzen soll. Auch die Bibel ist kein
Eintopfgericht.

Und doch befinden sich in der Bibel die
einzelnen Elemente nicht zufällig dort, wo sie
sind, sondern wurden bewusst und kunstvoll
zusammengestellt.

Die Texte stehen auf unterschiedliche Weise in enger Beziehung zueinander.

Manche Texte sind zwar inhaltlich kaum ähnlich, stehen aber räumlich direkt nebeneinander, etwa die Apostelgeschichte und der 1. Korintherbrief. Das ermöglicht eine abwechslungsreiche Lektüre. Andere Texte wiederum sind sich inhaltlich ähnlich, stehen aber nicht nebeneinander, zum Beispiel das Buch der Sprichwörter und Jesus Sirach oder der Kolosserbrief und der Epheserbrief.

Und auch in der Bibel ziehen sich manche Motive durch das Gesamtwerk durch, etwa Gottes Barmherzigkeit oder seine Forderung nach sozialer Gerechtigkeit. Einzelne Texte werden mehrfach wiederholt, manchmal sogar wörtlich: So finden wir im Buch Micha und im Buch Jesaja wortgleiche Stellen; die Bücher der Chronik wiederholen etliche Passagen aus den Königsbüchern und die vier Evangelien erzählen einiges parallel.

Und in der Bibel gilt gleichermaßen: Die gemeinsamen Texte wirken durch den unterschiedlichen Kontext je anders. Im Jesajabuch liest sich ein und dieselbe Vision anders als im Michabuch, im Lukasevangelium ein und dasselbe Gleichnis anders als im Matthäusevangelium. Und das ist ganz bewusst so gemacht.

Die Bibel in ihrer Vielfalt wahrzunehmen und als einmalig zusammengestelltes Gesamtkunstwerk schätzen zu lernen, ist das Um und Auf der Bibellektüre.

Wohl bekomm's!

Rezept:

Vorspeisenteller

Zutaten pro Person
- 2 kleine Cherrytomaten
- 2 Kügelchen Mozzarella
- 2 Spalten Zuckermelone
- 2 Scheiben Prosciutto crudo
- 2 Würfel Hartkäse
- 2 Weintrauben
- Basilikum

Zubereitung

Auf 3 Partyspießchen Basilikumblätter
spießen, danach je 1 Partyspießchen mit
Cherrytomaten und Mozzarella; Zuckermelone und Prosciutto; Hartkäse und Weintrauben abwechselnd bestücken.

Gang 4: Suppe

Kürbiscreme-suppe

Ein fixer Bestandteil jedes Menüs ist die Suppe, zum Beispiel eine Kürbiscremesuppe.

Diese besteht aus vielen Zutaten: Zwiebel, Butter, Wasser, Kürbis, Gewürze usw., die nach und nach in einer ganz bestimmten, nicht willkürlich änderbaren Reihenfolge hinzukommen. Es hätte ja wenig Sinn, die Zwiebel erst am Schluss dazuzugeben und die gerösteten Kürbiskerne am Anfang. Der Koch hat sich darüber natürlich Gedanken gemacht.

Die exakte Zubereitungsart muss mich als Suppenesserin nicht zwangsläufig interessieren, um die Suppe zu genießen. Das Wichtigste an der Suppe ist ja nicht ihre Zubereitung, sondern ihr Geschmack.

Freilich: Wenn ich die Suppe richtig würdigen will, nützt mir ein gewisses

Feinschmeckertum
schon.

So könnte ich mich
etwa für die genauen
Zutaten interessieren und
sie mit etwas Übung auch
herausschmecken: hier
ein wenig Paprika-
pulver, da vielleicht
Ingwer usw.

Es könnte mich
außerdem interessieren,
in welcher Reihenfolge die
Zutaten hinzugefügt wurden.

Alles das herauszufinden
ist reizvoll und mit etwas Übung
zumindest teilweise möglich.

Und vielleicht überlege ich
sogar, welche Zutat die Hand-
schrift des Chefkochs selbst
trägt und welche Zutat einer
seiner Mitarbeiter ergänzt hat.
Das allerdings werde ich nicht
mit Sicherheit sagen können.
Hier bin ich auf Hypothesen
angewiesen.

Wie dem auch sei: Ich darf dabei nicht vergessen, dass erst alle Zutaten zusammen die Suppe ausmachen. Es wäre daher widersinnig zu sagen, dass manche Zutaten wichtiger sind als andere. Dass die Butter wichtiger ist als der Kürbis und der Zwiebel wichtiger als das Paprikagewürz.

Ebenso seltsam wäre, nur das, was als Erstes in den Topf gekommen ist, als eigentliche Suppe zu bezeichnen und alles später Hinzugefügte nicht. Noch dazu, wo ich am Geschmack oft nur schwer feststellen kann, ob das Paprikagewürz vor oder nach dem Kümmel hineingekommen ist. Und mindestens so unsinnig wäre, den Beitrag des Chefkochs wichtiger zu erachten als den des Sous Chefs.

Die Bibel ist auch so eine Kürbiscremesuppe: Sie besteht aus verschiedenen Texten, die nicht alle gleichzeitig entstanden sind. Sie unterscheiden sich in Stil, Aussageabsicht etc.

Ich kann nun einfach so den Bibeltext genießen. Ich kann aber auch mit ein wenig Übung einzelne Merkmale herausfinden oder eine gewisse Struktur entdecken.

Darüber hinaus kann mich die **Reihenfolge** der Entstehung der biblischen Texte interessieren: Ob die erste Schöpfungserzählung älter oder jünger ist als die zweite und ob das Johannesevangelium vor oder nach dem Markusevangelium geschrieben wurde. Wenn man also den Verfassern ein bisschen über die Schulter schauen kann. Allerdings können wir hier nie ganz sicher sein. Eine große Diskussion gibt es zurzeit zum Beispiel über die Datierung von Genesis 1 und Genesis 2. Ist der erste Text, wie lange gedacht, jünger als der zweite? Hängen beide voneinander ab? Ist der zweite gar der Jüngere? **Ein Konsens ist nicht in Sicht.**

Es kann auch spannend sein herauszufinden, welche Teile eines Briefes Paulus als „Chefkoch" selbst verfasst hat und welche einer seiner „Sous Chefs". Oder welche Teile des Jesajabuches auf den Propheten selbst zurückgehen und welche nicht. Aber auch hier sind wir mehr oder weniger auf Hypothesen angewiesen.

Das alles kann mir helfen, die Bibel noch besser zu würdigen und einzelne Zusammenhänge besser zu verstehen.

Wie dem auch sei: Ich darf dabei nicht vergessen, dass erst alle Texte zusammen die Bibel ausmachen. Es ist daher sicher nicht angemessen, aus Datierungs- und Verfasserfragen, so wichtig diese sind, eine Wertigkeit abzuleiten. Also zu sagen, dass einzelne Bücher oder Texte der Bibel wichtiger sind als andere. Oder dass nur die älteste Fassung eines Buches die richtige sei. Das Alter des Textes sagt nichts über die Relevanz aus. Genesis 1, das Sechstagewerk, ist, ob es nun älter oder jünger als die Erzählung vom Paradies in Genesis 2 ist, ebenso relevant wie jene. Beides gegeneinander auszuspielen ist wenig sinnvoll.

Genauso ist es wenig sinnvoll, Texte, die von Paulus selbst geschrieben wurden, höher zu werten als Teile, die einer seiner Schüler geschrieben hat, auch wenn uns manche Inhalte seiner „Schüler" nicht genehm sind. Oder zu behaupten, der ältere Teil des Jesajabuches, der möglicherweise auf Jesaja selbst zurückgeht, sei besser oder wichtiger als der jüngere, der dies nicht tut. Oder die Botschaft des Markusevangeliums sei entscheidender als die des Johannesevangeliums, weil es früher entstanden ist.

Unsere Heilige Schrift ist die Bibel, wie sie vorliegt. Nicht nur die ältesten Texte, sondern alle. Nicht nur die von Paulus selbst geschriebenen, sondern auch die seiner Schüler oder Bearbeiter. Maßgeblich für uns ist der Inhalt der Bibel, so, wie er uns jetzt zugänglich ist, und nicht die Entstehung.

Also: Neugierig bleiben: ja. Versuchen, den Verfassern ein wenig auf die Spur zu kommen: ja. Aber die Texte gegeneinander ausspielen und unterschiedlich hoch bewerten: nein!

Rezept:

Kürbiscremesuppe

Zutaten für 2 Personen

- ½ kleiner Hokkaido-Kürbis (ca. 300 g)
- ½ Zwiebel
- ca. 0,5 cm geriebener Ingwer
- 1 Knoblauchzehe
- 1 EL Butter
- 500 ml Gemüsesuppe
- Salz, Pfeffer
- 50 ml flüssiges Schlagobers
- bei Bedarf etwas Orangensaft
- Etwas geschlagenes Schlagobers, Kürbis-kernöl und geröstete Kürbiskerne zum Garnieren

Zubereitung

Kürbis halbieren, vierteln und in Stücke
schneiden. Zwiebel schälen und würfeln.
Knoblauch schälen und hacken.
Butter in einem Topf schmelzen. Zwiebel und
Knoblauch darin glasig dünsten, geriebenen
Ingwer und Kürbis zufügen und kurz mit-
dünsten. Mit Suppe ablöschen und mit Salz
und Pfeffer würzen. Zugedeckt bei kleiner
Hitze ca. 15 Minuten köcheln lassen.
Schlagobers zufügen und alles fein pürieren.
Nach Belieben mit Pfeffer, gehackter
Petersilie und gerösteten
Kürbiskernen anrichten und
servieren.

Tipp:
Falls die Suppe nach
dem Pürieren zu
dick ist, mit einem
Schuss Orangensaft
verdünnen.

... es folgt das Zwischengericht ...

Gang 5: Zwischengericht

Gebratene Forelle

Das Zwischengericht besteht aus einem Fisch, einer gebratenen Forelle. Wer Fisch gerne isst, weiß, wie gut so eine Forelle schmeckt. Aber um sie richtig genießen zu können, ist ein bestimmtes Grundwissen nötig.

Wenn mir ein Fisch serviert wird, setzt man voraus, dass ich weiß, was das für ein Tier ist. Dabei ist es hilfreich, wenn ich schon öfter Fische in ihrem eigenen Lebensraum gesehen habe, im Wasser nämlich. Denn dann erkenne ich ihn sofort als Wassertier und kann ihn an seinen wichtigsten Merkmalen, etwa Flossen, Schuppen etc. besser von anderen Tieren, etwa einer

Ente, einer Garnele oder einem Tintenfisch unterscheiden.

Das wiederum ist wichtig, um zu wissen, wie man so einen Fisch isst. Denn einen Fisch isst man bekanntlich anders als eine Ente, eine Garnele oder einen Tinten-fisch. Das wird mir aber niemand ausdrücklich erklären, es gilt als selbstverständlich. Und es steht auch nicht eigens auf der Speisekarte.

Es wird vorausgesetzt, dass ich weiß, wie ich mit den einzelnen Teilen des Fisches umgehen muss. Dass zum Beispiel die Forelle nicht wie eine Garnele geschält wird, wohl aber der Kopf und die Flossen entfernt werden sollten. Und dass man auf keinen Fall die Gräten mitessen darf. Das alles wird voraus-gesetzt. Weil man eben so mit Fisch umgeht.

Mit diesem Wissen ausgestattet, zerteile ich den Fisch richtig, esse langsam und achte besonders beim Flossen-ansatz auf Gräten. Ohne dieses Wissen verschlucke ich Flossen und Gräten und ersticke schlimmsten-falls daran.

Die Bibel ist auch so eine Forelle: Auch bei der Bibellektüre wird ein bestimmtes Wissen über ihre Eigenart vorausgesetzt. Um die Eigenart biblischer Texte zu erkennen, hilft es, etwas über den Lebensraum der biblischen Erzählungen zu wissen, über den Alten Orient, über die griechische und römische Antike. Gerade im Vergleich mit Texten aus der Umgebung der Bibel erfahre ich viel über damalige Textsorten und Vorstellungswelten und sehe schnell die Gemeinsamkeiten und das Besondere der biblischen Texte. Dann kann ich Schöpfungserzählungen besser von naturwissenschaftlichen Studien unterscheiden und Weisheitsliteratur von einem Katechismus.

Das wiederum hilft mir, die Bibel von einem Märchenbuch, einem Augenzeugenbericht und einem Geschichtsbuch im heutigen Sinne zu unterscheiden. Dann sehe ich, dass sie als Glaubenszeugnis gedacht ist, als eine im Glauben gedeutete Geschichte der Menschen mit Gott. Dass also inspirierte Menschen mit ihren eigenen Worten in der Bibel Erfahrungen mit Gott niedergeschrieben haben. Das alles sagt mir die Bibel selbst nicht, das setzt sie bereits voraus. Die Verfasser und

Verfasserinnen haben die biblischen Texte so geschrieben, wie man das damals getan hat.

Es wird also vorausgesetzt, dass ich weiß, wie ich mit den einzelnen Elementen der Bibel umgehe: Etwa, dass ich bei den Schöpfungserzählungen nicht nach Erkenntnissen zur Evolution suche, sondern nach Antworten auf die Grundfragen der Menschheit.

Mit diesem Wissen ausgestattet, sehe ich, dass in der Exoduserzählung mehrere geschichtliche Befreiungserfahrungen zu einer einzigen Geschichte komprimiert wurden. Ohne dieses Wissen ersticke ich leicht an den historischen Ungereimtheiten.

Ein bestimmtes Grundwissen, was Bibel ist und welche literarischen Gattungen wie zu verstehen sind, ist also nicht nur gut, sondern notwendig. Dann steht dem Genuss nichts im Wege.

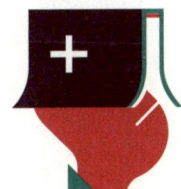

Gebratene Forelle

Zutaten für 2 Personen

- 2 Stk. Forelle
- 2 EL griffiges Weizenmehl
- 4 EL Butterschmalz
- Würzung: 1 ungespritzte Zitrone,
  2 Zweige Rosmarin, Petersilie,
  Salz, Pfeffer

Zubereitung

Die geputzten und gewaschenen Forellen
salzen und pfeffern und in griffigem Mehl
von beiden Seiten wenden. Je einen Zweig
Rosmarin und eine Scheibe Zitrone in die
Bauchhöhle geben. In nicht zu heißem Butterschmalz je nach Größe von beiden Seiten
ca. 7–9 Minuten langsam braten. Immer
wieder mit Bratenfett übergießen. Mit
gehackter Petersilie und Zitronenscheiben
garnieren. Vor dem Verzehr Kopf und Flossen
entfernen, den Bauch seitlich aufschneiden
und das Fleisch vorsichtig vom Grätengerüst
trennen.

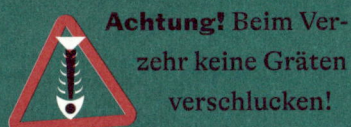

Achtung! Beim Ver-
zehr keine Gräten
verschlucken!

... es folgt das Hauptgericht ...

Schweins-braten

44 **Als Hauptspeise wird ein Fleischgericht serviert**, ein saftiger Schweinsbraten nach einem traditionellen Rezept.

Im Mittelalter wurde Schweinefleisch hierzulande häufig gegessen. Schlachtplatten waren sehr beliebt, deftige Kost wurde bevorzugt, vor allem, um die Männer bei Kräften zu halten. Für Menschen, die schwere körperliche Arbeit verrichten müssen, ist Schweinsbraten vermutlich auch heute noch empfehlenswert.

Doch die Zeiten haben sich verändert. Heute werden Tierschutz und körperliche Fitness großgeschrieben. Viele Menschen stoßen sich an dem Gedanken, Tiere zu essen, oder lehnen die Bedingungen ab, unter denen die Tiere gehalten werden. Andere scheuen das viele Fett oder die Kalorien und fürchten um ihre Figur oder ihren Cholesterinwert. Das alles war damals kein Thema. Niemanden hat so etwas gekümmert.

Wenn ich also den Schweinsbraten nach uraltem Rezept genießen will, muss ich meine Tierschutzgedanken und meinen Cholesterinwert einige Zeit vergessen und mich ein bisschen in die damalige Zeit einfühlen. Dann kann ich auch besser würdigen, was so ein Schweinsbraten für die damaligen Menschen bedeutet hat.

Es wäre aber verfehlt, mich so sehr in diese Zeit zu versetzen, dass ich das Essen mit einem Messer aufspieße, mir den Mund am Ärmel abwische oder die abgenagten Knochen auf den Boden werfe.

Am besten nehme ich mir einfach eine kleinere Portion und schneide die gröbste Fettschicht ab, damit ich auch heute unter den geänderten Zeitumständen das üppige Mahl besser verdauen kann.

Die Bibel ist auch ein solcher Schweinsbraten: Sie wurde nicht in unserer Zeit geschrieben, sondern vor Jahrhunderten und Jahrtausenden. Für die Menschen damals war sie genau die richtige kräftige Nahrung. Sie waren mit der Sprache und den Sichtweisen darin vertraut.

Doch das Welt- und Menschenbild hat sich seit damals stark verändert. Wir Menschen des 21. Jahrhunderts finden daher in der Bibel Ansichten und Themen, die uns sauer aufstoßen, weil sie aus einer längst vergangenen Zeit stammen. So wie die Menschen im Mittelalter noch keinen Cholesterinspiegel kannten und keine Massentierhaltung, so kannten die biblischen Verfasser noch keine Menschenrechtserklärungen, keine Gleichstellung der Geschlechter und keine Umweltzerstörung. Wenn in der Bibel steht, dass auch Sklaven und Sklavinnen am Sabbat ruhen sollen, war das damals eine Sensation. Wir dagegen stoßen uns daran, dass es überhaupt Sklaverei gegeben hat.

Um die Bibel also richtig würdigen zu
können, muss ich ernst nehmen, dass sie ein
uraltes Buch ist, und muss mich ein bisschen
in die Zeit versetzen und die Zeitumstände
kennenlernen. Bei Gewalttexten hilft es etwa,
sich in die Situation eines Volkes hineinzu-
denken, das jahrhundertelang von militärisch
hochgerüsteten Großmächten bedroht, unter-
drückt und verschleppt wurde.

Aber auch hier darf das Hineinversetzen
nicht so weit gehen, dass ich glaube, die
alten Sichtweisen und Lebensumstände mit
übernehmen zu müssen. Genauso, wie ich
nicht behaupten werde, dass die Erde auf
Säulen steht und vom Himmel wie ein Zelt
überspannt wird, kann ich auch nicht Frauen
diskriminieren, Kinder schlagen oder die
Sklaverei wieder einführen.

Am besten ist es auch bei der Bibel, einfach
zu kleineren Portionen zu greifen und die
Fettschicht der Zeitbedingtheit vom Fleisch
des Überzeitlichen zu trennen. Dann kann die
Bibel auch heute noch gesunde, kräftigende
Kost sein und ich verderbe mir an Details, die
für heutige Ohren anstößig klingen, nicht den
Magen.

Rezept:

Schweinsbraten

Zutaten für ca. 2 Personen
- 400 g Schopfbraten (wenn möglich mit den ausgelösten Knochen, diese geben beim Braten einen herrlichen Geschmack)
- 2 Knoblauchzehen
- Salz
- Pfeffer
- Kümmel
- Butterschmalz (zum Ausfetten der Form und Anbraten)
- 400 ml Suppe (zum Aufgießen, je nach Bedarf)
- 1 Zwiebel
- 1 Lorbeerblatt

Tipp:
Den Schweinsbraten alle 15 Minuten mit dem Suppensaft übergießen, damit er schön saftig wird.

Zubereitung

Den Knoblauch schälen, pressen und das
Fleisch damit einreiben. Salzen, pfeffern
und mit reichlich Kümmel bestreuen. (Tipp:
Diesen Vorgang schon am Vorabend durch-
führen, dadurch ziehen die Gewürze gut in
das Fleisch ein.) Den Backofen auf 170 °C vorheizen. In einer großen Pfanne den Schopfbraten von allen Seiten kurz scharf anbraten
und wieder herausnehmen. Die Knochen auf
dem Boden einer eingefetteten Bratenpfanne
platzieren, den Schweinsbraten darauflegen,
Lorbeerblatt und geviertelte Zwiebel hinzufügen. Mit Suppe aufgießen, damit genug
Feuchtigkeit in der Bratenpfanne ist und der
Schweinsbraten nicht anbrennt. Das Fleisch in
den Backofen schieben und ca. 1 ½ Stunden im
Ofen langsam garen lassen.

... es folgt die Sättigungsbeilage ...

Gang 7: Sättigungsbeilage

Semmelknödel

50 **Zum Schweinsbraten** gehören natürlich
Beilagen: Eine beliebte Sättigungsbeilage
sind Semmelknödel. Semmelknödel sind
etwas sehr Gutes, finde ich. Schon ihre Form
ist ansprechend, so schön und rund. Und
schmecken tut so ein Semmelknödel einfach
wunderbar. Außerdem sättigt er angenehm
und ist gut verdaulich.

Die Form des Semmel-
knödels könnte aber dazu
verleiten, den Semmelknödel
für einen Ball zu halten.
Dann würde ich versuchen,
damit Tore zu schießen. Und
womöglich noch glauben, dass
ein Semmelknödel dazu da ist,
die Konkurrenz zu besiegen.

Noch schlimmer ist es, wenn ich den Semmelknödel für eine Kanonenkugel halte und damit auf andere ziele. Oder wenn ich ihn mit voller Absicht zu einem Wurfgeschoß umfunktioniere, mit dem Messer aufspieße und damit den Kellner attackiere.

Normalerweise passiert mir so eine Verwechslung nicht. Vorausgesetzt, ich beachte, dass ich beim Essen sitze und dass sich dieser Knödel auf einem Teller inmitten eines Speisezimmers befindet. Nicht auf einem Sportplatz und schon gar nicht auf dem Deck eines Kriegsschiffes. Und wenn ich zudem ernst nehme, dass neben dem Knödel das Fleisch liegt und das Messer weiter weg, sollte mir sein Sinn klar sein.

Deshalb sollte ich den Knödel auch nicht aus seiner gewohnten Umgebung entfernen, damit ich nicht Gefahr laufe, ihn doch noch zu verwechseln. Und gegen eine bewusste Verwechslung hilft vielleicht der Hinweis, dass – abgesehen vom Schaden für die anderen – es mir letztlich auch selbst schadet, wenn ich einen Knödel zweckentfremde. Denn wenn ich einen Knödel gegen andere verwende, wird er mich nicht satt machen!

Nur wenn ich den Knödel esse, wird er mich nähren und stärken. Und, solcherart zufriedengestellt, habe ich es meist gar nicht mehr nötig, andere anzugreifen.

Die Bibel ist auch so ein Semmelknödel: eine schöne, runde Sache, die sehr gehaltvoll ist.

Aber auch sie darf ich nicht verwechseln. Sie ist nicht dazu da, um andere zu übertreffen und zu besiegen. Wenn ich sie nicht zu meiner eigenen Nahrung verwende, sondern nur versuche, damit anderen ein „Tor" zu schießen, ihnen eine Niederlage zufügen will, dann habe ich sie nicht richtig verstanden.

Schon gar nicht ist die Bibel eine Waffe. Sie gegen andere zu verwenden und andere damit zu attackieren, ist unangemessen und gefährlich.

Das passiert immer dann, wenn ich den Kontext nicht beachte. Wenn ich einzelne Verse herausnehme, um Andersdenkende zu verunglimpfen oder Fremde anzufeinden. Und die

Bibelstelle kurz danach, die von Fremdenliebe und Toleranz spricht, missachte. Wenn ich also den Gesamtzusammenhang ignoriere und die Bibel in einen völlig unangemessenen Zusammenhang versetze.

Dann ignoriere ich, dass die Bibel ein Nahrungsmittel sein will, und verwende sie, um mir zu nützen und anderen zu schaden. Im schlimmsten Fall benütze ich sie als Totschlagargument. Auf diese Art entsteht eine Schlacht – und dann können mich die Bibeltexte nicht mehr nähren.

Auch bei der Bibel hilft die Beachtung des Gesamtzusammenhangs. Sie will Nahrung und Heilmittel sein, nicht Waffe. Wenn ich sie also in diesem Bewusstsein zu mir nehme, dann wird sie das auch tun – und ich werde, gesättigt von solcher existenziellen Nahrung, es nicht mehr nötig haben, andere anzufeinden und zu bekriegen.

In diesem Sinne: Lassen Sie es sich schmecken!

Semmelknödel

Zutaten für ca. 4 Knödel

- 125 g Knödelbrot
- 2 Eier
- 1 EL Butter
- ca. 100 ml Milch
- 1 kleine Zwiebel
- 1 EL Mehl
- etwas geschnittene Petersilie
- Salz, Pfeffer, etwas geriebene Muskatnuss

Zubereitung

Zwiebel in feine Würfel schneiden und in der
Butter anbraten. Mit der Milch aufgießen
und nochmals erhitzen. Die ganze Mischung
über das Knödelbrot leeren, die restlichen
Zutaten zugeben und alles mit den Händen
gut vermischen. Die Masse eine halbe Stunde
rasten lassen.

Nun aus der Masse mit feuchten Händen
4 Knödel formen. Einen großen Topf mit
Wasser füllen, salzen und zum
Kochen bringen. Die Knödel
einlegen, die Hitze reduzieren
und ca. 20 Minuten ziehen
lassen.

Tipp: Das
Knödelwasser
sollte nicht mehr
kochen, sonst
zerfallen die
Knödel.

... es folgt die Gemüsebeilage ...

Glacierte Maroni

Neben den Semmelknödeln wird zum Schweinsbraten noch eine Gemüsebeilage serviert. Es sind glacierte Maroni. Sie verleihen dem Gericht noch das gewisse Etwas. Sie sind raffiniert und dazu noch geschmackvoll und gesund.

Bei einer Maroni wird bekanntlich, wie bei einer Walnuss, nur der Kern gegessen.

Die äußerste Schale, der sogenannte Fruchtbecher einer Maroni, ist stachelig und zunächst grün, später gelbbraun. Er ist nicht zum Verzehr geeignet und bitter. Wer eine Maroni genießen möchte, tut gut daran, diese äußerste Schicht vor dem Essen zu entfernen. Nur die Außenschicht zu essen, hieße, die Maroni nicht richtig kennenzulernen.

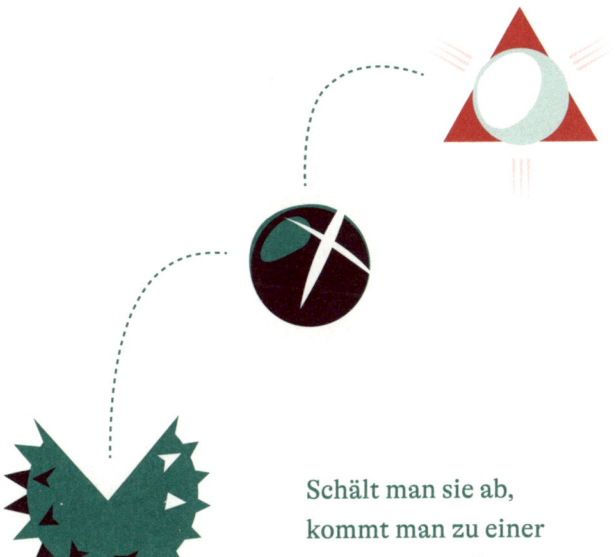

Schält man sie ab,
kommt man zu einer
harten, dunkelbraunen
Schale. Auch diese
Schicht ist nicht
bekömmlich und sollte
nicht gegessen werden. Um sie zu entfernen,
ist etwas Mühe nötig. Sie lässt sich nicht ganz
einfach schälen. Doch erst, wenn ich diese
Mühe auf mich genommen habe, dringe ich
zum wohlschmeckenden Fruchtkern durch.

Die Bibel ist auch so eine Maroni: Auch sie
besteht, grob gesagt, aus drei „Schichten".

Die äußerste Schicht ist die Außenseite des
Textes, die sich durch oberflächliche Lektüre
erschließt. Sie führt zu einem nicht weiter

reflektierten Verständnis der Bibel. Ich lese dann einfach drauflos und nehme alles für bare Münze. Ich verstehe die Bibel wörtlich und glaube, dass alles, was in ihr steht, genauso geschehen ist. Ich hinterfrage nichts und denke nicht weiter über das Gelesene nach. So oberflächlich betrachtet, komme ich leicht zu einem fundamentalistischen Verständnis der Bibel. Dann verstehe ich die Bibel nicht als Glaubenszeugnis, sondern als wortwörtlichen Tatsachenbericht, als 1 : 1 umsetzbare Rechtsvorschrift oder als moralisches Nachschlagewerk.

Legt man dieses Verständnis ab, gelangt man zu einer zweiten Schicht des Textes, die nur beim genaueren Lesen sichtbar wird. Diese Schicht erweist sich aber immer wieder als schwer durchdringbar. Sie ist wie eine harte Schale und besteht aus einigen schwierigen Passagen und irritierenden Texten, die mir einiges zu knacken geben. Texte, die Gewalt beinhalten, komplizierte theologische Abhandlungen, scheinbar langweilige Aufzählungen, heute nicht mehr verständliche Ansichten und Vorstellungen und schwierige Gottesbilder machen mir das Lesen schwer.

Die dritte, innerste Schicht zeigt sich erst,
wenn man die harte Schale durchdrungen hat.
Sie bildet den köstlichen, nährenden inneren
Kern der Bibel, ihren eigentlichen Sinn.

Und was für die Maroni gilt, gilt auch für
die Bibel: Wenn ich die äußere Schicht, die
Oberfläche, für das Eigentliche halte und
mich damit begnüge, lerne ich die Bibel nicht
richtig kennen und sie wird für mich zu etwas
Unverdaulichem und Bitterem. Dann bleibt
mir ihr eigentlicher Sinn verborgen.

Wenn ich tiefer schürfe, gelange ich zur
„harten Schale". Ich stoße auf schwierige
Texte, an denen ich Anstoß nehme oder die
sonst wie Mühe bereiten. Ich muss solche
Inhalte nicht einfach schlucken und unhinter-
fragt übernehmen. Wichtig ist lediglich,
dass ich mich mit ihnen beschäftige, mich
an ihnen reibe. Es wäre ein Fehler, mich von
ihnen abschrecken zu lassen und ganz mit dem
Lesen aufzuhören. Es wäre aber umgekehrt
ein ebenso großer Fehler, in diesen Schwierig-
keiten steckenzubleiben und die Texte für das
Wesentliche zu halten. In beiden Fällen würde
ich den wohlschmeckenden Kern der Bibel nie
kennenlernen.

Das hat schon ein wichtiger Kirchenschrift-
steller des 2./3. Jh. so ähnlich gesehen, der
große Origenes von Alexandrien (185–253
n. Chr.). Er verglich die Bibel mit einer Walnuss und sagte: „Bitter ist der Buchstabe, wie
es die grüne Nussschale ist; danach wirst du
zur harten Schale gelangen, die die Morallehre
ist; an dritter Stelle wirst du den Sinn der
Geheimnisse finden, von dem sich die Seelen
der Heiligen im jetzigen und im zukünftigen
Leben nähren" (Origenes, Hom. Num. 9,7).

Er mahnte also ebenfalls, nicht an der
Oberfläche stehenzubleiben und nicht bei den
schwierigen Passagen. Sondern so lange zu
schürfen, bis der geschmackvolle, köstliche
Kern sichtbar und genießbar wird.

Die Mühe lohnt sich!

Rezept:

Glacierte Maroni

Zutaten für ca. 2 Personen als Beilage

- 250 g vorgekochte Maroni
- 50 g Kristallzucker
- 30 ml Wasser
- ½ TL Zitronensaft
- 1 EL Butter
- Salz

Zubereitung

Kristallzucker in einer Pfanne zum Schmelzen
bringen, Wasser und Zitronensaft zugeben
und nicht umrühren. Sobald sich der Zucker
aufgelöst hat, Maroni zugeben, umrühren und
etwas köcheln lassen, Butter zugeben und
nochmals köcheln lassen, bis das Ganze eine
sämige Konsistenz hat. Salzen und servieren.

... es folgt das Dessert ...

Gang 9: Dessert

Rosinenkuchen

Als Nachspeise des Menüs gibt es einen herrlichen Rosinenkuchen. Er ist flaumig und äußerst geschmackvoll. Die Rosinen geben dem Kuchen eine ganz besondere Saftigkeit und Süße. Aber an Rosinen scheiden sich bekanntlich die Geister. Die einen lieben Rosinen über alles und die anderen mögen sie überhaupt nicht. Beides könnte zu einem Verhalten führen, das den Mehlspeiskoch/ die Mehlspeisköchin schmerzt.

Wenn ich Rosinen über alles liebe, picke ich sie mir heraus und esse nur sie. Den Kuchen lasse ich stehen. Das ist einerseits sehr unhöflich und andererseits habe ich am Ende statt eines Kuchens nur einen Rosinen-klumpen im Magen. Und ich weiß nicht, wie gut der Kuchen als Ganzes schmeckt. Es spricht nichts dagegen, Rosinen zu essen, aber ich sollte dann nicht glauben, ich hätte einen Kuchen verspeist.

Wenn ich Rosinen nicht leiden kann, picke ich sie mir ebenfalls heraus, esse den Kuchen und lasse die Rosinen stehen. Natürlich könnte ich dafür gute Gründe angeben: Ich könnte sagen, ich vertrage Rosinen nicht, ich kann sie nicht kauen, oder dass es besser wäre, Kuchen ohne Rosinen zu essen, als ihn gar nicht zu essen.

Aber das Problem dabei ist: Ohne Rosinen ist der Kuchen eben nicht mehr ein Rosinenkuchen, sondern ein simples und eher langweiliges Biskuit, das seinen Hauptgeschmack verloren hat. Beides wird der Intention des Kochs/der Köchin jedenfalls nicht gerecht.

Auch die Bibel ist so ein Rosinenkuchen: Wenn ich in der Bibel nur meine Lieblingsstellen lesen will, picke ich sie mir heraus und lasse die anderen Texte weg. Ich suche mir dann nur angenehme Texte mit wohltuendem Inhalt aus, die entweder meine Ansichten untermauern oder mir einfach Wohligkeitsgefühle verschaffen.

Das ist einerseits sehr unhöflich den biblischen Verfasser:innen gegenüber und andererseits müsste ich dann auch so ehrlich sein und zugeben, dass ich die Bibel eigentlich gar nicht kenne, sondern nur einzelne, aus dem Kontext gerissene Zitate. Und ich verderbe mir daran auch leicht den Magen. Das ist so, wie wenn ich bei Liebesfilmen nur die Kussszenen ansehe oder beim Joggen statt zu laufen nur den rechten Fuß vor- und zurückbewege.

Und wenn ich etwas in der Bibel gar nicht mag? Dann picke ich mir diese Texte feinsäuberlich heraus, lege sie beiseite und lese nur daen Rest. Das tun manchmal sogar unsere Leseordnungen, wenn sie einzelne unbequeme, scheinbar unpassende Verse auslassen und überspringen. Auch dafür gibt es manche scheinbar gute Gründe: Schwierige Stellen sind unverträglich, lassen sich nur schwer verdauen und verstören die Menschen. Bei einem Krimi würde das bedeuten, die Mordszene nicht anzusehen, weil zu viel Blut fließt.

Das ist zwar verständlich, aber dann habe ich nicht den ganzen Film gesehen und kann auch nicht behaupten, den Film zu kennen. Ohne die schwierigen Stellen ist die Bibel nicht mehr die Bibel. Sie verliert ihren Geschmack und ihre Eigenart und wird ein austauschbares, eher langweiliges Wohlbefinden-Kuschelkissen. Auch in diesem Fall wird man der Intention ihrer Verfasser:innen nicht gerecht.

Wer die Bibel wirklich verkosten will, sollte sie nicht allzu selektiv lesen und das Gesamtgeschmackserlebnis auf sich wirken lassen.

Rezept:

Rosinenkuchen

Zutaten

- 3 Eier
- ¼ l Schlagobers
- 250 g Zucker
- 250 g glattes Mehl

- 3 EL Milch
- 1 Pkg. Vanillezucker
- ½ Pkg. Backpulver
- Rosinen

Zubereitung

Backrohr vorheizen. Schlagobers halbfest
schlagen, Zucker und Vanillezucker sowie
die Dotter nach und nach zugeben. Gesiebtes
Mehl, Backpulver und Milch unterheben.
Eiklar zu Schnee schlagen und vorsichtig mit
den Rosinen (Tipp: Rosinen bemehlen, damit
sie gleichmäßig im Gugelhupf verteilt sind)
unter die Masse heben. In eine bebutterte und
bemehlte Gugelhupfform füllen und bei 180 °C
in etwa eine Dreiviertelstunde im Backrohr
backen. Die Rosinen vor dem Servieren nicht
entfernen!

... es folgt der Kaffee ...

Gang 10: Kaffee

Wiener Melange

68 **Nach einem guten Essen** braucht es noch einen Kaffee. In Wien trinkt man vorzugsweise eine Wiener Melange.

Eine Melange hat als Grundlage schwarzen Kaffee, der mit aufgeschäumter Milch ergänzt wird.

Kaffee ist eine sehr diffizile Sache. Ein guter Kaffee, und nur ein solcher wird in einem richtigen Wiener Kaffeehaus serviert, ist ein Kunstwerk. Er besteht aus besten Kaffeebohnen, die sorgfältig geröstet wurden, und aus dem berühmten qualitativ hochwertigen Wiener Wasser. Für den optimalen Geschmack hat der Barista den perfekten Mahlgrad gewählt, den gemahlenen Kaffee anschließend nicht zu fest und nicht zu locker in den Siebträger gepresst und die ideale Wassertemperatur eingestellt, um den Kaffee aufzubrühen. Die Milch, die selbstverständlich auch von bester Qualität ist, wurde in einem speziellen Milchschäumer aufgeschäumt.

Wichtig: Bei der Melange vermischt sich der Milchschaum nicht vollständig mit dem Kaffee. Umgekehrt bleibt der Milchschaum aber auch kein Fremdkörper auf dem Kaffee. Beides gemeinsam führt zu dem Geschmackserlebnis einer Melange.

Natürlich könnte man den Kaffee auch ohne Milch trinken, schwarz. Das wird auch oft gemacht und dagegen ist grundsätzlich nichts zu sagen. Auch bei der Melange ist der schwarze Kaffee die Grundlage des Getränks.

Umgekehrt trinken wohl die wenigsten Menschen nur Milchschaum. Das kann man tun, aber es geht dadurch viel an Geschmack verloren.

Und nur beides zusammen ergibt nicht nur für Wienerinnen und Wiener einen perfekten Kaffee.

Auch die christliche Bibel ist so eine Melange: Sie hat eine Grundlage, das ist das Alte Testament. Auch dieser erste Teil der christlichen Bibel besteht aus besten Zutaten: aus hochwertigen uralten hebräischen Texten, die verarbeitet, weitergeschrieben, ergänzt und fachkundig zusammengestellt wurden. Mit qualitativ hochwertigen griechischen Texten, den sogenannten Deuterokanonika, wurden die hebräischen Texte noch angereichert. Das Neue Testament, das selbstverständlich auch von höchster Qualität ist, wurde in einem gesonderten, speziellen Verfahren geschrieben und bearbeitet und dient als ideale Ergänzung.

Auch hier gilt: Das Neue Testament vermischt sich nicht vollständig mit dem Alten.

Aber die beiden sind dennoch nicht unverbunden oder wechselseitige Fremdkörper. Vielmehr durchdringen sich die beiden Inhaltsstoffe gegenseitig und ergeben erst als Gemeinsames, unvermischt und ungetrennt, das richtige Geschmackserlebnis.

Man kann natürlich das Alte Testament, besser gesagt die Bibel Israels, die Heilige Schrift des jüdischen Volkes, für sich genommen genießen und wertschätzen. Bei der Qualität des Textes ist das sehr gut möglich. Wie man Kaffee ohne Milchschaum ohne Weiteres trinken kann, kann man auch das Alte Testament ohne das Neue lesen.

Man könnte auch das Neue Testament ohne das Alte lesen. Auch das Neue Testament ist von bester Qualität.

Aber so wie Milchschaum ohne Kaffee ein wenig leer schmeckt, hängt das Neue Testament ohne das Alte ein wenig in der Luft. Das, was Jesus lehrte und lebte, und das, was die Evangelien und die Briefliteratur darüber erzählten, erschließt sich erst richtig, wenn man es aus der Perspektive der Verfasser liest: aus der Perspektive ihrer Heiligen Schrift, der Bücher des Alten Testaments.

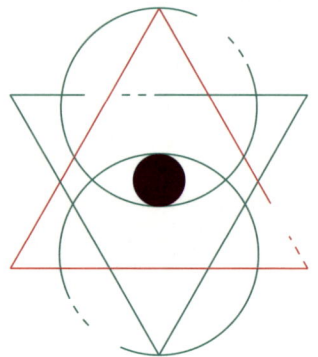

72   Die christlichen Kirchen haben sich jedenfalls aus guten Gründen dafür entschieden,
beides zusammen zu ihrer Heiligen Schrift zu
zählen.

So wie für Wienerinnen und Wiener beides
zusammengehört, Kaffee und Milchschaum,
so gehören für Christinnen und Christen das
Alte und das Neue Testament zusammen.
Erst das Zusammenspiel zwischen Altem und
Neuem Testament ergibt unsere Bibel.

Rezept:

Wiener Melange

Zutaten pro Person
- 1 Tasse Kaffee
- etwas Milch (nach Geschmack)

Zubereitung
Kaffee in eine Tasse gießen,
Milch aufschäumen und hinzufügen.
Umrühren und den Gesamtgeschmack genießen.

Kräuterschnaps

74 **Ein delikates Festmahl endet** mit einem
Schnaps. Sehr beliebt ist ein Kräuterschnaps,
der aus geschmackvollen und vor allem auch
gesunden Kräutern besteht. Oft wird er auch
als Arznei verwendet.

Um so einen Schnaps wirklich genießen zu
können, muss ich etwas über seine Wirkung
wissen.

Einerseits besteht ein Kräuterschnaps aus
gesunden, gehaltvollen Heilkräutern.

Wir trinken aber die Heilkräuter nicht
einfach so, sondern verarbeitet, mit Alkohol
angereichert oder zu Schnaps gebrannt. Das
hat den Vorteil, dass der Schnaps immer noch
genießbar ist, wenn die Kräuter selbst längst
verwelkt wären.

Andererseits ist Schnaps kein harmloses

Getränk. Je stärker die Kräuter mit Alkohol angereichert werden, je hochprozentiger der Schnaps ist, desto weniger schmecke ich die Kräuter heraus. Und desto eher kann er, nicht sachgemäß getrunken, zu einer Alkoholvergiftung führen und zu Gift werden.

Es braucht also Erfahrung im Umgang mit dem Schnaps. Und es braucht Ehrlichkeit: Ich muss mir eingestehen, warum ich den Schnaps trinke: wegen der Heilkräuter, also gewissermaßen als Arznei, oder wegen des guten Geschmacks, oder als Mittel zum Zweck, um mir einen Rausch anzutrinken.

Je erwachsener ich mit Schnaps umgehe und je mehr es mir um die Heilkraft geht,

76 desto weniger laufe ich Gefahr, dass er für mich Gift wird und desto eher wird er seine heilsame Wirkung in mir entfalten.

Die Bibel ist auch so ein Kräuterschnaps: Es braucht einen erwachsenen Umgang mit ihr.

In der Bibel findet sich viel Heilsames. Dieses Heilsame wäre aber welk geworden, wenn wir es nicht aktualisiert hätten, durch immer neue Auslegungen, durch die Einbettung in unsere jeweilige Zeit und in unsere Lebensumstände. Wir lesen dieses Heilsame daher immer schon angereichert mit dem Alkohol fremder und eigener Vorein-stellungen, Sorgen, Nöte und Befindlichkeiten. Das ist gut, weil das Heilsame so auch die

Zeiten überdauert und auch heute noch aktuell
bleibt.

Aber das macht die Bibel auch gefährlich.
Je mehr das Heilsame der Bibel vom Alkohol
der Tradition und von Vorurteilen und Vor-
einstellungen überlagert ist, desto weniger
schmecke ich das Essenzielle noch heraus.

Es gehört also Übung und Erfahrung dazu,
nicht im Geschmack der eigenen Befindlich-
keit steckenzubleiben.

Und es gehört Ehrlichkeit dazu: Ich
muss mir selber eingestehen, wozu ich Bibel
nütze. Ob es mir wirklich um das Heilsame
darin geht, oder ob mir nur meine eigenen
Befindlichkeiten wichtig sind. Will ich mich
einfach nur an mir selber berauschen, wird die
Bibel leicht zu Gift.

Je erwachsener und aufrichtiger ich mit der Bibel umgehe, desto mehr kann ich ihre wohltuende Wirkung genießen und mich von einer allzu hohen Konzentration an eigenen Befindlichkeiten und Aktualisierungen fernhalten.

Das war ein köstliches Essen, das ist ein herrlicher Kräuterschnaps!

Ich wünsche Ihnen allen, dass die Bibel für Sie auch so ein Festmahl wird. Dass Sie die Bibel richtig genießen können, mit Wertschätzung und Respekt, mit Achtsamkeit und Sorgfalt, mit ein wenig Grundwissen und viel spirituellem Appetit!

Rezept:

Kräuterschnaps

Zutaten für eine Flasche

Kräuter/Gewürze nach Belieben, z. B.:

- 40 g Pfefferminze
- 1 Zimtstange
- 1 TL Fenchelsamen
- 1 TL Koriander-
  samen
- 3 Kardamomschoten
- 1 EL Gewürznelken

- 3 EL Kamille
- 200 g Zucker
- 1 l Korn (40 Vol.-%)
- Schale einer
  ungespritzten
  Zitrone

Zubereitung

Kräuter waschen, trockentupfen und zer-
kleinern, Gewürze im Mörser zerstoßen.
In ein großes Glas mit Deckel geben. Mit
Zucker, Zitronenschale und Korn vermengen,
gut verschließen und ca. vier Wochen dunkel
und kühl ziehen lassen. Dabei regelmäßig
schütteln. Danach durch ein feines Sieb
(ersatzweise Kaffeefilter) in eine Flasche oder
Karaffe gießen und verschließen.

Danke fürs Lesen und Prost!

80   **Impressum**

© 2022 by Wiener Dom-Verlag

Wiener Dom-Verlag Gesellschaft m. b. H.

Printed in Austria. Alle Rechte vorbehalten.

www.domverlag.at

Gestaltung, Illustration, Satz: David Kassl

Gesetzt in GT Alpina und Triptych Grotesque

Druck: Samson Druck GmbH,

5581 St. Margarethen

1. Auflage

ISBN 9-783-85351-297-5

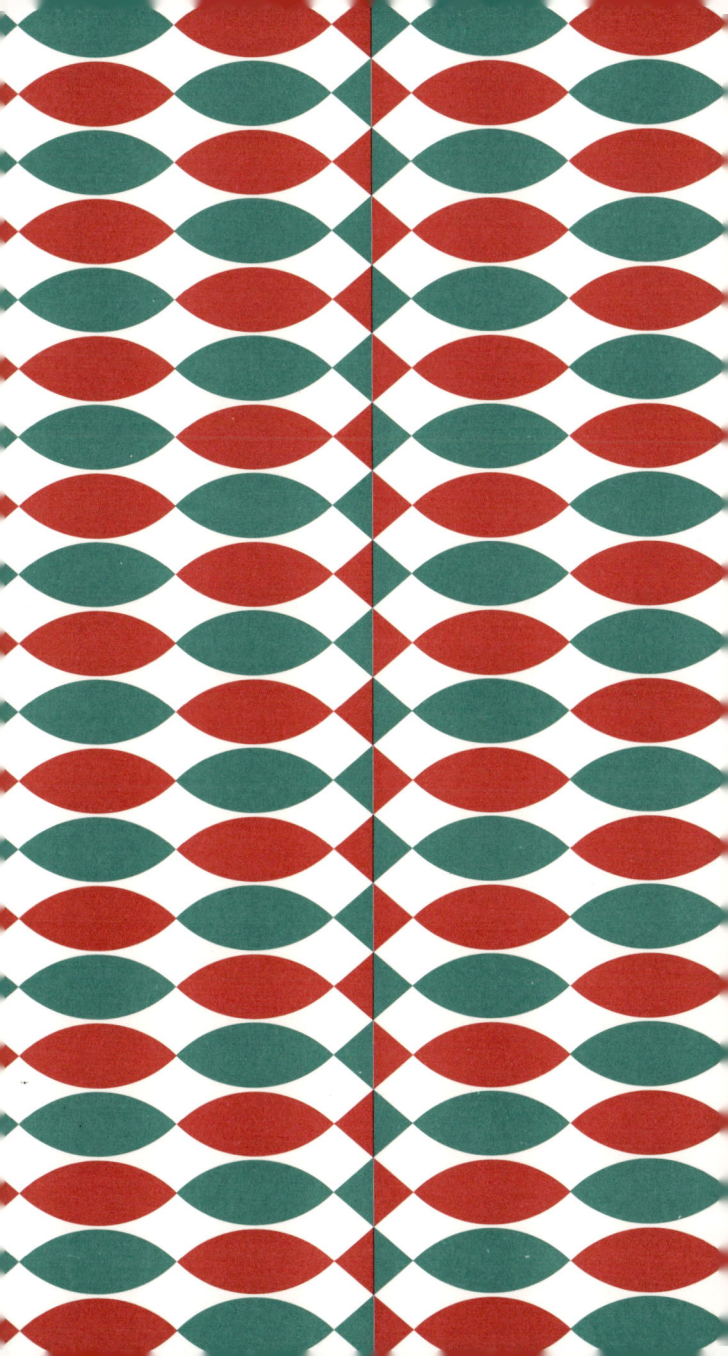

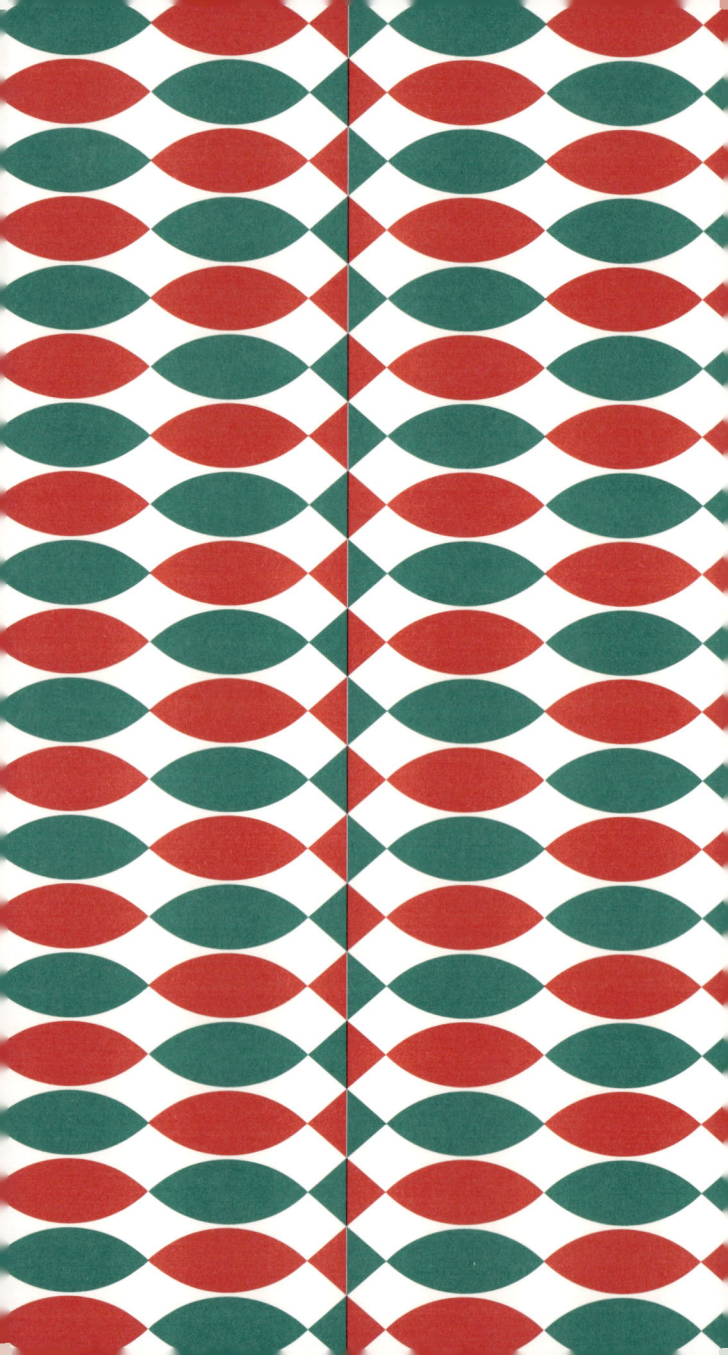